Carole Sédillot & Chantal Frelaut

Le Grand Jeu de Mlle Lenormand

Un jeu étonnant, fascinant, foisonnant de symboles et révélateur de mystères que le Grand Jeu de Mlle Lenormand. Sa créatrice, Marie-Anne-Adélaïde, l'est également… fascinante et étonnante ! Sa vie est digne d'un roman, d'une comédie et d'une tragédie. Échecs et réussites balisent l'aventure de son existence, elle n'en deviendra que plus forte et, *via* son énergie et son courage, elle suscitera l'admiration. Il restera de ce parcours atypique un jeu unique constitué de 52 cartes complexes et mystérieuses, support de voyance pour certains, de réflexions, de questionnements psychologiques ou spirituels pour d'autres. S'ajouteront deux cartes qui figureront la consultante et le consultant. Les scènes mythologiques alliées à celles de l'astrologie, de la cartomancie, de la géomancie, de l'astronomie… vous ouvriront les portes d'un monde imaginaire et activeront votre imagination. Plus qu'avec un autre jeu, grâce à la profusion des illustrations de celui-ci, votre

inconscient se laissera tenter et sa curiosité révélera votre créativité.
Vous pourrez découvrir l'intégralité de la richesse de ce jeu, la totalité des définitions de chacune des cartes et comment les utiliser dans l'ouvrage *Le Grand Jeu de Mlle Lenormand*, chez le même éditeur, des mêmes auteures.

— STRUCTURE DU JEU EN CINQ SECTEURS —

Le Grand Jeu de Mlle Lenormand, composé de 54 cartes, dont deux symbolisent le consultant et la consultante, se découpe en quatre couleurs – trèfle, cœur, carreau et pique – et se divise en cinq secteurs.

Le premier secteur, *La conquête de la Toison d'or* ou *Le commerce,* le professionnel, l'argent, ce qui touche aux valeurs matérielles, est formé de six cartes.

Le deuxième secteur, *La guerre de Troie* ou *Le droit du fort sur le faible*, le combat permanent durant l'existence pour atteindre ses objectifs, est formé de neuf cartes.

Le troisième secteur, *Le mariage alchimique* ou *La science hermétique*, aussi nommé *le Grand Œuvre*, l'affect, tout ce qui est du domaine des sentiments – liens familiaux, d'amitié, d'amour... –, est formé de sept cartes.

Le quatrième secteur, *Les événements imprévus*, tout ce qui ne dépend pas de soi, qui vient entraver ou faciliter le déroulement des projets – le hasard, le destin, la fatalité, la notion de Dieu... –, est formé de dix-neuf cartes.

Le cinquième secteur, *L'ordre des temps* ou *Les signes du zodiaque*, temps dans lesquels les événements doivent arriver, en relation avec les voyages et les parties du corps concernées par le signe astral, est formé de douze cartes.

La figure centrale de la carte

Grâce à elle, le sens fondamental est donné à la carte. Le plus souvent par l'intermédiaire de représentations, de scènes mythologiques. Un secteur fait appel à l'alchimie pour divulguer son message. Se révèlent également des séquences champêtres et animalières, et des symbolisations figurant le zodiaque.

La mythologie

Pour son Grand Jeu, Mlle Lenormand utilise des récits puisés dans la mythologie gréco-romaine. Deux mythes sont particulièrement représentés dans la construction du jeu (*La conquête de la Toison d'or* et *La guerre de Troie*) et symbolisent la totalité des deux premiers secteurs. Puis les scènes mythologiques interviennent de manière moins structurée, au hasard peut-être de l'imagination et de l'intuition de Mlle Lenormand.

INTERPRÉTATION DES CARTES

Premier secteur :
LA CONQUÊTE DE LA TOISON D'OR

DIX DE CARREAU

Palais somptueux : Pélias donne des conseils à Jason, qui écoute sans défiance.

Proposition dictée par la perfidie ; en écoutant des conseils judicieux, vous pourrez réussir. Prudence, peut-être quelqu'un de rusé cherche-t-il à vous éloigner afin de conserver un pouvoir et ne pas se mettre en danger lui-même.

NEUF DE CARREAU

Les Argonautes s'embarquent pour la Colchide sur le navire *Argo*.

Avec des précautions, de l'organisation, vous surmonterez les difficultés d'un voyage difficile, d'une entreprise. Il faut vous entourer d'une équipe compétente. Un nouveau départ s'annonce favorable mais nécessite beaucoup d'efforts et peut subir du retard.

ROI DE TRÈFLE

Phinée, aveuglé par punition, prend son repas : d'un côté les Harpies lui salissent ses viandes, de l'autre il donne aux Argonautes des conseils sur le chemin à prendre pour aller en Colchide.

Suivez les conseils d'un homme expérimenté, de confiance, afin que vos objectifs aboutissent, vous apportant le succès et la prospérité. Soutien, bons conseils, protection.

QUATRE DE CARREAU

La magicienne Médée remet à Jason des pilules destinées à lui donner la force de vaincre et à le protéger contre les dangers de sa mission. Amoureuse de lui, en contrepartie elle lui fait promettre de l'épouser dès son retour.

Même proche du succès, il est important de ne pas baisser la garde, grâce à des soutiens les obstacles seront vaincus. Protections puissantes dans l'épreuve. Chance et opportunité. Aide affective.

AS DE TRÈFLE

Forêt dans laquelle est suspendue la Toison d'or. Jason se bat pour la saisir. Son bouclier et son corps étaient enduits d'un baume magique de Médée, le rendant invulnérable et lui permettant de massacrer tous ses adversaires.

Quel que soit le domaine, dépassement de toutes les difficultés, triomphe assuré, récompense de tous les efforts. Toutefois, ne pas baisser la garde car la victoire est acquise grâce à une aide « magique ».

NEUF DE TRÈFLE

Junon envoie l'écrevisse pour piquer Hercule au talon, pendant qu'il tue l'hydre de Lerne.

Attention, le danger le plus apparent n'est pas le plus dangereux, un autre plus insidieux menace. Un double combat est nécessaire pour triompher. Volonté et énergie vaincront la jalousie.

Deuxième secteur :
LA GUERRE DE TROIE

DAME DE CARREAU

Les dieux et les déesses assistent aux noces de Pélée et Thétis. La Discorde jette sur la table une pomme sur laquelle est écrit : « À la plus belle ».

Événement impliquant des débats, des rivalités entre plusieurs femmes. Se méfier des médisances. La prudence est nécessaire. Conflit, méchanceté, rivalité, jalousie, rancune, rupture affective.

CINQ DE TRÈFLE

Fuite de Pâris avec la magnifique Hélène, femme de Ménélas.

Est-on dans l'innocence ou la culpabilité, victime ou coupable ? Bien évaluer la portée de ses actes. Abus de confiance, sentiments soumis à l'épreuve, trahison, adultère possible, tristesse, douleur.

DEUX DE PIQUE

Les princes grecs viennent consulter le devin Calchas.

Ne pas être trop sûr de soi et prendre des avis et conseils d'une personne expérimentée avant toute décision importante pour sortir victorieux d'une situation hasardeuse.

VALET DE CARREAU

Ulysse pénètre à la cour de Lycomède déguisé en marchand pour y découvrir Achille qui s'y tient caché sous des habits de femme.

Agir avec intelligence, habileté et ruse permet de parvenir à ses fins et aboutir au succès. Aide par une protection puissante. Opportunisme.

DIX DE TRÈFLE

Ulysse et Diomède volent les chevaux de Rhésus à travers un camp ennemi et marchent sur les morts.

Quelles que soient les difficultés, pour vaincre tous les obstacles, le sang-froid, le courage et la présence d'esprit sont nécessaires. Au combat succédera la victoire.

SIX DE TRÈFLE

Pâris et Ménélas sont sur le point de se battre en combat singulier : deux agneaux blancs sont préparés pour être sacrifiés en action de grâces.

Sur le point de régler une querelle, obligation d'expliquer, d'éclaircir une affaire embrouillée. On peut rentrer dans un combat ou l'éviter. Rivalité, malentendu, projet contrarié.

NEUF DE PIQUE

Hélène brode au milieu de ses amies, dissimule son désespoir. Iris, messagère des dieux, lui apporte une nouvelle.

De grandes souffrances morales troublent l'esprit. Culpabilité et douloureuses incertitudes ébranlent l'état émotionnel. Après tristesse, inquiétude, doute, tourment, réhabilitation.

HUIT DE PIQUE

Achille traîne derrière son char le corps inanimé d'Hector autour des murailles de Troie.

Annonce des dangers difficiles à contrecarrer. Résultat de la vengeance d'un ennemi, d'un adversaire. Celui qui triomphe aujourd'hui sera, à son tour, bientôt abattu. Hostilité, rancune, perte.

SIX DE PIQUE

Cheval de bois entrant dans Troie suivi de troupes.

Mise en garde de dangers qui s'annoncent dans l'ombre. Menace d'être victime d'une ruse ; la méfiance et la vigilance sont de rigueur. Trahison. Cadeau empoisonné.

Troisième secteur :
LE MARIAGE ALCHIMIQUE

SEPT DE PIQUE

L'alchimiste introduit la matière brute dans l'œuf philosophique.

Cette carte indique démarches et demande en mariage, union ou association favorable. Rencontre, projet, espoir, franchise, évolution, point de départ.

TROIS DE TRÈFLE

L'écuelle qui contient l'œuf renfermant la matière, au-dessus de la lampe philosophique, commence à se dissoudre. L'alchimiste examine le progrès.

Évolution en cours qui demande vigilance et attention. Nouvelle inattendue apportant satisfaction et plénitude. À la peine succédera la joie.

QUATRE DE TRÈFLE

L'écuelle qui contient l'œuf renfermant la matière, au-dessus de la lampe philosophique, entre en dissolution. L'alchimiste écoute.

Personne subordonnée aux caprices d'une autre. Avertissement par cette carte que votre choix peut inhiber votre personnalité. Risque de fascination. Ne pas se focaliser sur quelqu'un ou une situation.

HUIT DE TRÈFLE

L'alchimiste se tient entre deux lampes philosophiques, qui indiquent le mélange du fixe et du volatil.

Désir de réalisation d'une union ou d'une association, qui peut s'accomplir. Toutefois, il sera important au début de la rencontre d'être vigilant et disponible à l'autre.

SEPT DE CŒUR

La lampe philosophique au-dessus de laquelle est l'écuelle qui contient l'œuf renferme la pierre. L'alchimiste introduit le dissolvant.

Carte très importante, elle commande de se maîtriser et d'être discret sur les nouvelles, bonnes ou mauvaises, que l'on reçoit. Elle indique les visites de toutes sortes.

DIX DE CŒUR

L'alchimiste, les bras croisés, considère la matière fixée gris clair. Le blanchiment s'annonce.

Admiration d'un homme pour la grâce et le mérite d'une femme. La séduction est indispensable pour réussir. Si vous êtes attentif et ne cédez pas à l'autosatisfaction, vos projets aboutiront.

SIX DE CŒUR

L'alchimiste, assis, regarde avec satisfaction la pierre devenue or.

Cette carte indique les contradictions que l'ambition, l'amour et l'argent font commettre. Aboutissement, épanouissement, bonheur durable, même si des contrastes existent.

Quatrième secteur :
LES ÉVÉNEMENTS IMPRÉVUS

DEUX DE TRÈFLE

Six déesses devisent au bord de la rivière Pactole. Deux d'entre elles, munies de vases, y puisent de l'or.

Chance réelle et opportunité. Mais où sont donc les vraies richesses et les véritables valeurs ? Ce qui semble être « profit » peut devenir « détriment » et il est essentiel de savoir, entre le matériel ou le spirituel, lequel est le plus important.

VALET DE TRÈFLE

En courant, Hippomène laisse tomber les pommes d'or afin de retarder Atalante qui, en se baissant pour les ramasser, perd du temps, et ainsi il arrive le premier au but.

Nécessité de ruser pour séduire. Il est parfois nécessaire d'avoir recours à quelques subterfuges pour atteindre ses objectifs. Si le but est de qualité, les moyens le seront également.

SEPT DE CARREAU

Pandore ouvre une boîte d'où s'échappent les maux de l'humanité.

Bien que prévenu, on commet une imprudence et on est donc responsable de ses ennuis. Vigilance indispensable. La curiosité est un vilain défaut et il n'est pas bon de vouloir tout savoir.

HUIT DE CŒUR

Un étang au-dessus duquel s'envole un aigle tenant un crapaud dans ses serres.

Le mal enlevé est élevé par les forces du bien et de la lumière apporte un espace et un moment de sérénité. Cette étape libératrice ouvre la voie à de nombreuses possibilités créatrices. Protection.

TROIS DE CŒUR

Dans une forêt, Cynocéphale tient dans une main un rouleau de papier, et de l'autre trace des caractères avec un bâton.

Occasion prochaine de réussir brillamment. L'évolution et la matérialisation du fonctionnement de la pensée passent par son expression : la parole. Esprit inventif, créativité, puissance de l'intellect, sagesse, protection, succès.

SIX DE CARREAU

Un ichneumon (mangouste) entre dans la gueule d'un crocodile endormi afin de lui dévorer le cœur.

Erreur, peur et danger. La menace, quelle qu'elle soit et d'où qu'elle vienne, peut être physique ou psychique. Mise en garde importante contre le mensonge, la perfidie, la cruauté. Protégez-vous.

DEUX DE CŒUR

Dans un champ, un envol de perdrix est stoppé par un chien.

Favorise la personne qui sait rester intègre, incorruptible, mais le moindre manquement lui faisant oublier la justice lui serait préjudiciable. Quiétude et sérénité.

ROI DE CARREAU

Cadmus offre à Minerve un vase portant cette inscription : « L'île de Rhodes doit être dévastée par des serpents ».

Dans la vie, les aides ne sont pas forcément toujours apparentes ni évidentes. Elles se présentent quelquefois d'une manière subtile et difficilement décelable. Étant prévenu d'un danger, vous pouvez l'éviter ou vous préserver.

DAME DE PIQUE

Isis en pleurs cherche son mari qu'elle trouve mort, couché derrière un arbre.

Quelles qu'en soient les circonstances, vous surmonterez l'épreuve et la transcenderez grâce au secours de la spiritualité. La conscience et l'espérance de la résurrection, quelle qu'en soit la forme, seront source de renouveau.

QUATRE DE PIQUE

Déguisée en vieille femme, Junon, folle de jalousie, vient trouver Sémélé.

Le danger se dévoile souvent sous une forme inattendue ou indécelable. Il n'est pas toujours judicieux ni favorable de satisfaire la demande d'autrui si celle-ci n'a pas été préalablement définie. Mauvais conseils, pièges.

CINQ DE CŒUR

Deux gentilshommes, de nationalités différentes, sont accueillis par le roi.

Plutôt que d'être dépassé par les événements ou de rentrer dans les hostilités, choisissez la voie du dialogue, de la conciliation. Vos qualités sont dans le fond pas dans la forme.

AS DE CŒUR

Le roi Danaüs entouré de ses cinquante filles.

Attention aux erreurs de jugement et au manque de discernement. Afin que les efforts ne soient pas vains, assurez-vous que les buts à atteindre correspondent à des motivations profondes et qui confirment des intentions saines et honnêtes.

TROIS DE PIQUE

Sur un nuage, les trois Parques tissent la destinée des hommes.

Gouverner sa vie avec prudence, prendre des précautions, assumer sa destinée, ses incertitudes. Nul ne sait à quel moment, ni le jour ni l'heure, le fil doit se couper... Sommes-nous maîtres de notre destinée ? Réflexions et interrogations.

DAME DE TRÈFLE

Dans un verger, les Hespérides devisent en gardant l'arbre aux pommes d'or.

Il est important de bien prendre conscience de ce que sont et où sont véritablement vos réelles richesses afin de mieux les protéger. Pas facile d'y accéder, car un dragon veille et en interdit l'accès.

DEUX DE CARREAU

Un enfant nu chevauche un bouc et se promène dans la nature.

La réflexion est nécessaire avant de prendre une décision, quel qu'en soit le domaine. Vers quel lieu ou quel temps nous dirigeons-nous ? Est-il possible de retrouver les verts paradis de l'enfance ? Répertorier ses désirs afin de pouvoir leur donner un sens.

AS DE CARREAU

Harpocrate assis sur le lotus, le doigt sur la bouche, remet une lettre à Mercure.

Nécessité de vous mettre en garde contre l'indiscrétion des gens qui vous entourent. La parole est d'argent mais le silence est d'or semble bien être le message de cette carte. Être sélectif dans les informations reçues et dans celles à divulguer.

ROI DE CŒUR

Un vieillard se repose et médite près de ses livres et de son sablier.

Le sage en moi sait. Il convient donc de lui faire confiance. Cet homme qui médite est un ami qui exerce une fonction médiatrice. Prudence, sagesse et patience en toutes démarches, demandes ou entreprises.

ROI DE PIQUE

Le roi Ménès préside un plaidoyer et rend la justice.

Rapport avec le domaine de la loi et de la justice, de la police et tout ce qui a trait aux procès civils ou correctionnels. Nécessité d'être juste et de mettre de l'ordre.

DIX DE PIQUE

Laverne, déesse des voleurs, accompagnée de loups dans la forêt.

L'ordre que vous mettrez dans vos affaires et la fermeté mise dans vos actions vous éviteront l'abus de confiance. La peur d'être dévoré, attaqué ou dévalisé suscite l'angoisse et la frustration. Protégez-vous.

Cinquième secteur : L'ORDRE DES TEMPS

VALET DE CŒUR

Jupiter portant un masque de bélier indique une fontaine à son fils Bacchus où il peut se désaltérer.

Des appuis permettent de faire face ou de contourner les difficultés pouvant se présenter. Pourrez-vous supporter les contradictions ? Courage, enthousiasme, initiative, conquête, naïveté. Correspondances anatomiques : la tête et ses organes.

Correspondance astrologique : Bélier

AS DE PIQUE

En pleine mer, Jupiter se transforme en taureau pour enlever Europe.

Symbolise des passions brutales, annonce des désordres, dont les résultats seront désastreux. Reprendre le contrôle. Fuite amoureuse, escapade, séduction, chagrin. Correspondances anatomiques : cou, gorge, nuque, langue, voix.

Correspondance astrologique : Taureau

TROIS DE CARREAU

Castor et Pollux se tiennent par la main et semblent se parler.

Vos souvenirs douloureux seront longs à cicatriser. Carte emblème de la souffrance, mais, en fonction du contexte, de l'amitié, de l'union, de l'affectivité à partager. Correspondances anatomiques : épaules, membres supérieurs, poumons, système nerveux.

Correspondance astrologique : Gémeaux

NEUF DE TRÈFLE

Hercule combat un monstre redoutable, l'hydre de Lerne. Un adversaire plus petit entre en scène, l'écrevisse envoyée par Junon pour piquer Hercule au talon.

Attention, ce n'est pas forcément le danger le plus apparent qui est le plus dangereux. Un double combat à mener peut s'avérer nécessaire pour triompher. Inconstance du bonheur. Correspondances anatomiques : estomac, poitrine.

Correspondance astrologique : Cancer

NEUF DE CŒUR

Hercule combat et étouffe le lion de la forêt de Némée.

Mérite et force maîtrisée. Énergie toujours positive. Courage, témérité, victoire après la lutte, reconnaissance de votre valeur. Correspondances anatomiques : cœur, colonne vertébrale, vue.

Correspondance astrologique : Lion

DAME DE CŒUR

Sur un nuage, Jupiter indique à Astrée la place qu'elle doit prendre dans le monde céleste.

Besoin de protection contre la faiblesse. Fuyez les mauvaises compagnies. Lutte entre le choix de la frivolité et celui de la sagesse. Correspondances anatomiques : intestins, système nerveux, réflexes.

Correspondance astrologique : Vierge

VALET DE PIQUE

Un philosophe, une balance à la main, pèse des matières.

Carte positive pour toute personne que l'injustice a fait souffrir, elle indique qu'elle finira par trouver aide et protection. Justice, égalité, espérance, conciliation. Correspondances anatomiques : reins, vessie.

Correspondance astrologique : Balance

CINQ DE CARREAU

Phaéton, conduisant le char du Soleil, voit le Scorpion se replier sur lui ; la peur lui fait abandonner les rênes.

Nécessité d'apprendre à (se) conduire. Être prudent sous peine d'accident. Surestimation de ses capacités. Correspondances anatomiques : organes génitaux, rectum, sexualité.

Correspondance astrologique : Scorpion

CINQ DE PIQUE

Le centaure Chiron vient de mourir, la flèche qui l'a blessé non intentionnellement est à côté de lui.

Avenir incertain en raison d'un caractère dominé par l'insouciance et un manque de savoir-faire. Esprit sauvage, fantasque. Échec malgré de grandes connaissances. Ressaisissez-vous. Correspondances anatomiques : hanches, cuisses, foie, vésicule biliaire, pancréas.

Correspondance astrologique : Sagittaire

SEPT DE TRÈFLE

Pour se soustraire au géant qui cherche à escalader le ciel, le dieu Pan se change en Capricorne.

Se défier d'un séducteur, soyez prudent. On peut également utiliser une certaine séduction pour atteindre son but et éviter un danger. Invitation au plaisir. Correspondances anatomiques : genoux, ossature, articulations, dents, peau, cheveux, ongles, minéralisation de l'organisme.

Correspondance astrologique : Capricorne

HUIT DE CARREAU

Entouré de dieux et de déesses, Ganymède verse l'ambroisie.

Avec vos talents, vos dons, votre charisme, vous parviendrez à changer de position. Considération sociale, avancement valorisant, chance, appuis, promotion assurée et durable. Correspondances anatomiques : chevilles, circulation sanguine, allergies.

Correspondance astrologique : Verseau

QUATRE DE CŒUR

Deux dauphins traversent le fleuve Euphrate, Vénus et son fils Cupidon sur leur dos.

Actes irréfléchis ou risqués. Fuite imprudente. Voyage inconsidéré, erreur de destination, illusion, erreur préjudiciable sur le plan affectif, manque de réflexion. Influençabilité. Correspondances anatomiques : pieds, système lymphatique.

Correspondance astrologique : Poissons

L'ART DU TIRAGE

Pratiquez dans un endroit calme. Faites confiance à votre intuition et à votre libre arbitre.

Lorsque vous tirez les cartes, c'est ici et maintenant. Le résultat d'un tirage est le fruit d'une question précise à un moment donné, par conséquent toujours assigner un temps à la question pour la valider.

La lecture du tirage s'effectue en « effet miroir » : le côté droit de la carte est une projection du côté droit de la personne qui interprète.

Il est utile de recouvrir une carte difficile autant de fois que nécessaire jusqu'à résolution et dépassement de la carte problématique.

La prudence est nécessaire quant aux questions concernant la santé. Il est recommandé de rester simplement dans l'estimation d'une vitalité, d'un ralentissement d'énergie – tant physique que psychique.

Ce jeu comporte des cartes positives et négatives dont on se sert uniquement à l'endroit.

Un exemple de tirage : le tirage en croix

Ce tirage s'effectue avec la carte du ou de la consultant·e et 5 cartes.

- Placez la carte du consultant (ou celle de la consultante) sur la table face à vous.
- Brassez les 52 autres cartes et tirez-en 5 au hasard.
- Disposez 4 cartes autour de celle du ou de la consultant·e et une 5e à mettre sur celle-ci. Retournez les cartes, effectuez l'interprétation en tenant uniquement compte de la figure centrale, et réalisez la synthèse du tirage.

La carte 1, à gauche de celle du ou de la consultant·e, représente ce qui est favorable à la question. À sa droite, la carte 2 présente ce qui bloque, ce qui s'oppose à la question posée. La carte 3 se place au-dessus de celle du ou de la consultant·e, c'est le déclencheur, favorable ou défavorable, qui amène à la réponse et allège ou renforce les difficultés de la carte 2. La carte 4 est placée en bas sous celle du ou de la consultant·e, c'est la réponse possible. Enfin, la carte qui recouvre celle du ou de la consultant·e au centre de la croix, est à lire avec la carte 4 qui permettra la synthèse du tirage.

3
1
5
2
4

DANS LA MÊME COLLECTION

www.grancher.com